OWNER INF[O]

MW00884737

Name:_____ Phone:_____

Address:_____ Email:_____

Business Address: _____

VEHICLE INFORMATION

Model: _____ Make:_____

Vin:_____

Purchase Date: _____From:_____

Dealer Info:_____

Insurance Company:_____

Agent:_____

Phone:_____

Year:	Make:			Model:
Date/Time	Odometer			Destination/Purpose
	Start	End	Total	

Year:	Make:		Model:	
Date/Time	**Odometer**			**Destination/Purpose**
	Start	**End**	**Total**	

Year:	Make:			Model:
Date/Time	Odometer			Destination/Purpose
	Start	End	Total	

Year:	Make:			Model:

Date/Time	Odometer			Destination/Purpose
	Start	End	Total	

Year:		Make:			Model:	
Date/Time	**Odometer**			**Destination/Purpose**		
	Start	**End**	**Total**			

Year:	Make:			Model:
Date/Time	**Odometer**			**Destination/Purpose**
	Start	**End**	**Total**	

Year:		Make:			Model:

Date/Time	Odometer			Destination/Purpose
	Start	End	Total	

Year:		Make:			Model:	

Date/Time	Odometer			Destination/Purpose
	Start	End	Total	

Year:		Make:		Model:	

Date/Time	Odometer			Destination/Purpose
	Start	End	Total	

Year:		Make:		Model:	

| Date/Time | Odometer | | | Destination/Purpose |
	Start	End	Total	

Year:	Make:			Model:
Date/Time	Odometer			Destination/Purpose
	Start	End	Total	

Year:	Make:			Model:
Date/Time	**Odometer**			**Destination/Purpose**
	Start	**End**	**Total**	

Year:	Make:			Model:
Date/Time	**Odometer**			**Destination/Purpose**
	Start	**End**	**Total**	

Year:	Make:			Model:	

Date/Time	Odometer			Destination/Purpose
	Start	End	Total	

Year:		Make:			Model:
Date/Time	Odometer			Destination/Purpose	
	Start	End	Total		

Year:	Make:			Model:
Date/Time	Odometer			Destination/Purpose
	Start	End	Total	

Year:		Make:		Model:	

Date/Time	Odometer			Destination/Purpose
	Start	End	Total	

Year:		Make:		Model:	
Date/Time	**Odometer**			**Destination/Purpose**	
	Start	**End**	**Total**		

Year:	Make:			Model:

Date/Time	Odometer			Destination/Purpose
	Start	End	Total	

Date/Time	Odometer			Destination/Purpose
	Start	End	Total	

Year: **Make:**   **Model:**

Year:		Make:		Model:	

Date/Time	Odometer			Destination/Purpose
	Start	End	Total	

Year:		Make:			Model:
Date/Time	**Odometer**			**Destination/Purpose**	
	Start	**End**	**Total**		

Year:		Make:			Model:	

Date/Time	Odometer			Destination/Purpose
	Start	End	Total	

Year:	Make:			Model:
Date/Time	**Odometer**			**Destination/Purpose**
	Start	**End**	**Total**	

Year:	Make:			Model:
Date/Time	Odometer			Destination/Purpose
	Start	End	Total	

Year:	Make:			Model:	
Date/Time	**Odometer**			**Destination/Purpose**	
	Start	**End**	**Total**		

Year:	Make:	Model:

Date/Time	Odometer			Destination/Purpose
	Start	End	Total	

Year:		Make:		Model:	

Date/Time	Odometer			Destination/Purpose
	Start	End	Total	

Year:		Make:			Model:	
Date/Time	Odometer			Destination/Purpose
	Start	End	Total	

Year:	Make:			Model:
Date/Time	**Odometer**			**Destination/Purpose**
	Start	**End**	**Total**	

Year:	Make:			Model:

Date/Time	Odometer			Destination/Purpose
	Start	End	Total	

Year:	Make:			Model:
Date/Time	**Odometer**			**Destination/Purpose**
	Start	**End**	**Total**	

Year:		Make:		Model:	
Date/Time	Odometer			Destination/Purpose	
	Start	End	Total		

Year:		Make:		Model:	
Date/Time	**Odometer**			**Destination/Purpose**	
	Start	**End**	**Total**		

Year:		Make:			Model:
Date/Time	**Odometer**			**Destination/Purpose**
	Start	**End**	**Total**	

Year:	Make:			Model:
Date/Time	**Odometer**			**Destination/Purpose**
	Start	**End**	**Total**	

Year:		Make:			Model:
Date/Time	Odometer			Destination/Purpose	
	Start	End	Total		

Year:	Make:			Model:
Date/Time	Odometer			Destination/Purpose
	Start	End	Total	

Year:		Make:		Model:	

Date/Time	Odometer			Destination/Purpose
	Start	End	Total	

Year:	Make:			Model:
Date/Time	**Odometer**			**Destination/Purpose**
	Start	**End**	**Total**	

Year:			Make:		Model:
Date/Time	Odometer			Destination/Purpose	
	Start	End	Total		

Year:		Make:		Model:	

Date/Time	Odometer			Destination/Purpose
	Start	End	Total	

Year:		Make:			Model:

Date/Time	Odometer			Destination/Purpose
	Start	End	Total	

Year:	Make:			Model:
Date/Time	Odometer			Destination/Purpose
	Start	End	Total	

Year:		Make:			Model:

Date/Time	Odometer			Destination/Purpose
	Start	End	Total	

Year:	Make:			Model:

Date/Time	Odometer			Destination/Purpose
	Start	End	Total	

Year:		Make:		Model:	
Date/Time	Odometer			Destination/Purpose	
	Start	End	Total		

Year:		Make:			Model:	
Date/Time	**Odometer**			**Destination/Purpose**		
	Start	**End**	**Total**			

Year:	Make:			Model:
Date/Time	**Odometer**			**Destination/Purpose**
	Start	**End**	**Total**	

Year:		Make:			Model:	
Date/Time	**Odometer**			**Destination/Purpose**		
	Start	**End**	**Total**			

Year:		Make:			Model:

Date/Time	Odometer			Destination/Purpose
	Start	End	Total	

Year:		Make:		Model:	

Date/Time	Odometer			Destination/Purpose
	Start	End	Total	

Year:		Make:		Model:	

Date/Time	Odometer			Destination/Purpose
	Start	End	Total	

Year:		Make:			Model:
Date/Time	**Odometer**			**Destination/Purpose**	
	Start	**End**	**Total**		

Year:		Make:		Model:	

Date/Time	Odometer			Destination/Purpose
	Start	End	Total	

Year:		Make:			Model:
Date/Time	**Odometer**			**Destination/Purpose**	
	Start	**End**	**Total**		

Year:		Make:			Model:	
Date/Time	Odometer			Destination/Purpose		
	Start	End	Total			

Year:		Make:		Model:	
Date/Time	**Odometer**			**Destination/Purpose**	
	Start	**End**	**Total**		

Year:	Make:			Model:
Date/Time	Odometer			Destination/Purpose
	Start	End	Total	

Year:	Make:			Model:

Date/Time	Odometer			Destination/Purpose
	Start	End	Total	

Year:	Make:			Model:
Date/Time	Odometer			Destination/Purpose
	Start	End	Total	

Year:	Make:		Model:	

Date/Time	Odometer			Destination/Purpose
	Start	End	Total	

Year:		Make:			Model:
Date/Time	**Odometer**			**Destination/Purpose**	
	Start	**End**	**Total**		

Year:	Make:			Model:
Date/Time	Odometer			Destination/Purpose
	Start	End	Total	

Year:	Make:	Model:

Date/Time	Odometer			Destination/Purpose
	Start	End	Total	

Year:		Make:		Model:	

Date/Time	Odometer			Destination/Purpose
	Start	End	Total	

Year:		Make:			Model:
Date/Time	**Odometer**				**Destination/Purpose**
	Start	**End**	**Total**		

Year:		Make:			Model:

Date/Time	Odometer			Destination/Purpose
	Start	End	Total	

Year:	Make:			Model:
Date/Time	**Odometer**			**Destination/Purpose**
	Start	**End**	**Total**	

| Year: | Make: | Model: |

Date/Time	Odometer			Destination/Purpose
	Start	End	Total	

Year:		Make:			Model:	
Date/Time	Odometer			Destination/Purpose		
	Start	End	Total			

Year:	Make:			Model:
Date/Time	**Odometer**			**Destination/Purpose**
	Start	**End**	**Total**	

Year:	Make:			Model:
Date/Time	Odometer			Destination/Purpose
	Start	End	Total	

Year:	Make:			Model:
Date/Time	**Odometer**			**Destination/Purpose**
	Start	**End**	**Total**	

Year:		Make:			Model:	

Date/Time	Odometer			Destination/Purpose
	Start	End	Total	

Year:		Make:			Model:
Date/Time	Odometer			Destination/Purpose
	Start	End	Total	

Year:	Make:			Model:

Date/Time	Odometer			Destination/Purpose
	Start	End	Total	

Year:	Make:			Model:
Date/Time	**Odometer**			**Destination/Purpose**
	Start	**End**	**Total**	

Year:		Make:		Model:	
Date/Time	Odometer			Destination/Purpose	
	Start	End	Total		

Year:	Make:			Model:

Date/Time	Odometer			Destination/Purpose
	Start	End	Total	

Year:		Make:		Model:	
Date/Time	Odometer			Destination/Purpose	
	Start	End	Total		

Year:		Make:		Model:	
Date/Time	**Odometer**			**Destination/Purpose**	
	Start	**End**	**Total**		

Year:		Make:			Model:	
Date/Time	Odometer			Destination/Purpose		
	Start	End	Total			

Year:	Make:			Model:
Date/Time	Odometer			Destination/Purpose
	Start	End	Total	

Year:		Make:		Model:	
Date/Time	**Odometer**			**Destination/Purpose**	
	Start	**End**	**Total**		

Year:	Make:	Model:

Date/Time	Odometer			Destination/Purpose
	Start	End	Total	

Year:		Make:		Model:	
Date/Time	Odometer			Destination/Purpose	
	Start	End	Total		

Year:	Make:			Model:
Date/Time	Odometer			Destination/Purpose
	Start	End	Total	

Year:		Make:		Model:	

Date/Time	Odometer			Destination/Purpose
	Start	End	Total	

Year:	Make:			Model:

Date/Time	Odometer			Destination/Purpose
	Start	End	Total	

Year:	Make:	Model:

Date/Time	Odometer			Destination/Purpose
	Start	End	Total	

Year:	Make:			Model:
Date/Time	Odometer			Destination/Purpose
	Start	End	Total	

Year:		Make:			Model:	

Date/Time	Odometer			Destination/Purpose
	Start	End	Total	

Year:		Make:		Model:

Date/Time	Odometer			Destination/Purpose
	Start	End	Total	

Year:	Make:	Model:

Date/Time	Odometer			Destination/Purpose
	Start	End	Total	

Year:	Make:	Model:

Date/Time	Odometer			Destination/Purpose
	Start	End	Total	

Year:	Make:			Model:

Date/Time	Odometer			Destination/Purpose
	Start	End	Total	

Year:		Make:		Model:	
Date/Time	**Odometer**			**Destination/Purpose**	
	Start	**End**	**Total**		

Year:		Make:			Model:	

Date/Time	Odometer			Destination/Purpose
	Start	End	Total	

Year:		Make:			Model:
Date/Time	**Odometer**				**Destination/Purpose**
	Start	**End**	**Total**		

Year:		Make:		Model:	
Date/Time	**Odometer**			**Destination/Purpose**	
	Start	**End**	**Total**		

Year:	Make:		Model:	
Date/Time	**Odometer**			**Destination/Purpose**
	Start	**End**	**Total**	

Year:		Make:		Model:	
Date/Time	Odometer			Destination/Purpose	
	Start	End	Total		

Year:		Make:			Model:	
Date/Time	**Odometer**			**Destination/Purpose**		
	Start	**End**	**Total**			

Year:	Make:			Model:
Date/Time	Odometer			Destination/Purpose
	Start	End	Total	

Year:	Make:			Model:

Date/Time	Odometer			Destination/Purpose
	Start	End	Total	

Year:	Make:			Model:
Date/Time	**Odometer**			**Destination/Purpose**
	Start	**End**	**Total**	

Year:	Make:			Model:

Date/Time	Odometer			Destination/Purpose
	Start	End	Total	

Year:	Make:			Model:
Date/Time	Odometer			Destination/Purpose
	Start	End	Total	

Made in the USA
Columbia, SC
18 January 2025

52068938R00063